Helder Camara
mach aus mir einen Regenbogen

HELDER CAMARA

mach aus mir einen Regenbogen

mitternächtliche Meditationen

PENDO

Im Laufe seiner täglichen Nachtwachen, gegen zwei Uhr in der Früh, schreibt Dom Helder Camara Meditationen. Es sind keine Gedichte. Dom Helder verknüpft mit ihnen keinerlei literarischen Zweck und Ehrgeiz. Sie zu bewahren, bedurfte es – schon vor sehr langer Zeit – der wachen Umsicht treuer Freunde. Dom Helders Freunde in Rio haben denn auch eine Auswahl getroffen, auf die sich die vorliegende Sammlung stützt.

Titel der französischen Ausgabe:
Mille raisons pour vivre.
Übersetzung aus dem Französischen:
Alfred Kuoni,
ausgenommen der erste und der letzte Text,
sowie die Texte mit den Nummern 6, 15, 19, 20, 38, 59, 85: aus dem Portugiesischen von
Ingrid Schwamborn

Typographie: Bernhard Moosbrugger
Herstellung: Franz Spiegel Buch GmbH, Ulm

ISBN 3 85842 046 8

In Österreich herausgegeben vom
Verlag Styria Graz Wien Köln, 1981
ISBN 3 222 11371 8

Fünfte Auflage, Dezember 1982

Mach aus mir einen Regenbogen,
der alle Farben enthält,
in die sich Dein Licht bricht!

Mach aus mir immer mehr
einen Regenbogen,
der das ruhige Wetter ankündigt
nach den Stürmen auf See.

1

Eine schlichte Wasserlache
möchte ich sein
und den Himmel spiegeln!

2

Herr, mein Gott:
Wir Menschen und Meere -
sollen wir denn stets
zwischen Ebbe und Flut
schwingen?

3

Dass du dich an die Erde klammerst,
dass du dich mit allen Wurzeln
im Boden verankerst:
das ist mehr noch als dein Recht.
Es ist dein Leben, dein Instinkt, dein
Ursprung.
Aber der Mensch,
nimm mir's nicht übel,
ist was ganz andres
als bloss ein Baum.

Geheimnis, das die menschliche Vernunft
zum Entgleisen bringt:
das Leben ernährt sich vom Tod.
Nur in der Eucharistie
ernährt sich das Leben vom Leben.

5

Wieviele Muschelschalen gehen
an diesem öden Strand verloren!
Sie könnten das Glück
Tausender von Kindern sein.

Der Mensch begreift nicht,
dass die Wellen, die Töchter des Meeres,
schöne Kinder sind,
die auch mit Muscheln spielen.

Der Beduine,
der sich in der Wüste auskennt,
tauchte mich in tiefe Nachdenklichkeit
mit seiner geheimnisvollen Bemerkung:
es genügt das Fehlen eines Sternes,
damit eine Karawane
die Richtung verliert.

7

Der Mensch spannt Telefondrähte
quer durch die ganze Stadt
und gibt keine Ruhe,
ehe er nicht die ganze Welt
in Rufweite hat.
Das Radio,
das keiner Drähte bedarf,
reizt und spornt zu noch mehr Geschwätz.

Wo bleiben die Erfinder?
Wir brauchen dringend Erfindungen,
die zu Stille verhelfen,
sie schützen,
sie retten.

Verlorener Sohn, der du im Himmel bist,
Sohn, den Vertrauen gerettet hat
und der Tausenden Verlorener
als Beispiel dient,
junger Mensch, der du das Grauen der
Ferne erlebt hast,
die Leere der Sünde,
das Heimweh nach dem Vaterhaus,
hilf mir, in dieser Nachtwache
voller Ängste
beten
für die verlorenen Eltern,
deren Sünde es ist,
das Gleichnis Christi ins Gegenteil zu
verkehren
und in sich das Bild des ewigen Vaters zu
tilgen.

Alles, gar alles,
spricht mir, dank Dir,
von Dir.

Wenn ich schreibe,
verlange ich, weisses Papier
in Deinen Händen zu sein,
worauf Du schreiben kannst, was Dir
gefällt.

Wenn ich in einem Buch blättre,
hoffe ich zuversichtlich,
dass all diese Wörter nicht fruchtlos
bleiben
und dass niemand schreibt,
der keine frohe Botschaft mitzuteilen hat.

Jeder meiner Schritte ruft mir in
Erinnerung,
dass ich - wohin ich auch gehe -
immer zur Ewigkeit unterwegs bin.

Das Stimmengewirr der Leute,
das trockene Laub, das dem Boden
entlangwirbelt,
die vorübergleitenden Wagen,
die überladenen Schaufenster,

der Verkehrspolizist,
der Karren des Milchmanns,
der arme Bettler,
Treppe und Fahrstuhl,
Eisenbahnschienen und Wellentäler,
Rassehunde und Strassenköter,
die schwangere Frau,
der Zeitungsverkäufer,
der Strassenkehrer,
Kirche und Schule,
Büro und Fabrik,
die Strassen, die man verbreitert,
die Hügel, die man einebnet,
der Hinweg und der Rückweg,
der Schlüssel, womit ich die Türe öffne,
der Schlaf wie das Wachen:
alles, schlechterdings alles,
lenkt meine Gedanken auf Dich.

Was soll ich dem Herrn schenken
für alles, was Er mir schenkt?

Wenn ich vor den Zollbeamten stehe,
den Polizeikommissaren,
lächle ich verschmitzt,
denn keiner entdeckt
die göttliche Schmuggelware,
den blinden Passagier,
dessen höchst-diskrete Gegenwart
nur dem Schauen der Engel
wahrnehmbar ist.

11

Die Stockwerke folgen einander:
das zehnte, elfte, zwölfte, dreizehnte,
vierzehnte . . .,
und ich bete ganz leise, innerlich:
«Entreiss uns dem Vergänglichen!
Erhebe uns zu Dir!
Lass uns nicht Wurzeln schlagen
im Land der Menschen.»

Die Stockwerke folgen einander:
das sechzehnte, fünfzehnte, vierzehnte,
dreizehnte . . .,
und ich bete in Gedanken:
«Der Du vom Himmel herabgestiegen,
Der Du Fleisch geworden bist,
lehre mich
herabzusteigen, ohne
herunterzukommen!»

Lass deine Sorgen an der Schwelle des
Schlafes zurück,
lass alle Bedenken zurück,
alle Bitterkeit,
allen Kummer,
damit du dich beim Aufwachen nicht so
müde wiederfindest,
als hättest du in den Kleidern geschlafen,
die Schuhe an den Füssen, den Hut auf
dem Kopf.

13

Mach aus Gott nicht
dein Kopfkissen,
noch aus dem Gebet
dein Federbett.

14

Wenn sie wüssten,
was die vierte Dimension in Wahrheit ist:
die Schau des Unsichtbaren,
die Sehweise der Ewigkeit!

15

Warum werde ich traurig,
wenn ich an die Parallelen denke,
die Seite an Seite laufen,
ohne sich jemals zu treffen?

Einer meiner dringlichsten Wünsche,
im Unendlichen anzukommen,
ist die Hoffnung,
dass wenigstens dort
die Parallelen sich treffen!

Arhythmie des Herzens, hilf mir,
die abgerissene Kadenz,
das gestörte Gleichgewicht,
die unbeherrschten Bewegungen,
die losen Enden ohne Zahl
zu bestehen.

17

An der nackten Wand
ist nur ein einziger Nagel übrig
zu einem Bild, das verschwunden ist.
Braucht es mehr,
um zum Beten anzuregen,
wo doch drei Nägel
den Heiland der Welt trugen?

Du bleibst recht armselig,
solange du nicht entdeckt hast,
dass man nicht mit offenen Augen
am besten sieht.

Du bleibst recht naiv,
solange du nicht weisst,
dass man mit verschlossenen Lippen
ein Schweigen erzielen kann,
viel reicher
als ein Schwall von Worten.

Du bleibst solange recht ungeschickt,
als du nicht einsiehst,
dass man mit gefalteten Händen
weit mehr bewirken kann
als mit tätigen Händen, die - ohne es
zu wollen -
oftmals verletzen.

19

Das äusserste geben.
Immer mit dem Herzen arbeiten
und mit ganzem Herzen,
ob es sich darum handelt,
ein Raumschiff
zu den Sternen zu führen
oder einen
einfachen Punkt mit dem Bleistift
zu zeichnen.

Bei einem steckengebliebenen Auto
reichte ein kleiner Stoss
von einem befreundeten Auto.
Bei müden und mutlosen Seelen
reicht manchmal sogar
noch weniger.

21

Ich wollte mich schon über das Taxi
beschweren,
das FREI anzeigte,
aber nicht anhielt - als mir bewusst wurde,
dass wir eine noch schäbigere Figur
machen
- wir alle -
mit unserer pompösen
FREIHEIT.

Ich hatte gefürchtet,
dass die Wolkenkratzer mit all ihrem
Beton
die Morgenröte verletzen könnten.

Aber man muss gesehen haben,
wie empfänglich sie sind
für das Morgenlicht:
wie sie die Waffen strecken,
wie sie ihre Schärfe verlieren
und ihre Seele aus Eisen!

Sie lassen sich einhüllen
vom unwiderstehlichen Zauber
der heiligen Stunde,
wenn die ganze Natur sich aufrafft
und das Lied der Geschöpfe
anstimmt.

23

Schau rund um dich:
von den Millionen Sternen
am Himmel
bis zu den Steinen, dem Wasser,
den Tieren und den Pflanzen
schreitest du
inmitten von Wesen ohne Stimme.
Schau noch einmal:
schau
bis du das Unsichtbare siehst,
bis du erbebst
vor dem Schweigen der Engel
und dem Schweigen Gottes.

Bewahre immer einen Blick
brüderlicher Sympathie
für die kleinen Bahnhöfe,
wo die wichtigen Züge
nur ausnahmsweise anhalten.
Sagen sie dir nichts?
Erinnern sie dich an niemand?

25

Wenn dein Boot,
seit langem im Hafen vor Anker,
dir den Anschein
einer Behausung erweckt,
wenn dein Boot
Wurzeln zu schlagen beginnt
in der Unbeweglichkeit des Kais:
such das Weite.
Um jeden Preis müssen
die reiselustige Seele deines Bootes
und deine Pilgerseele bewahrt bleiben.

Das Kind amüsierte sich
am offenen Klavier,
indem es irgendwas spielte,
einfach aus der Freude am Lärmmachen,
einfach aus dem Vergnügen am
Töne-Erzeugen,
ohne sich im allermindesten
um eine Melodie zu kümmern -
gerade wie wir so häufig
mit der Liebe spielen.

Wenn Arbeit
den kleinen Leuten das Hemd durchnässt,
schau um dich, und du wirst sehen,
dass Engel
die Schweisstropfen einsammeln,
als seien es Diamanten.

Zwischen Schatten sein,
Schatten spenden,
Schatten werfen
liegen Abgründe,
über die
einzig Gott
uns führen kann.

29

Ärgere dich nicht über das Echo.
Sei, im Gegenteil, dankbar,
wenn alles auf Erden
in deiner Brust schlägt
und Gebet wird oder Gesang.

Versuch,
die eigene Hand hinter der Glasscheibe
zu ertasten,
und du verstehst das Grauen,
dicht an der Seite des geliebten Menschen
die Schranken der Egoismen
zwischen euch beiden zu spüren.

31

In der Erwartung, sein Amt abgeben
zu müssen,
lässt ein Minister
die Schubladen räumen,
die Papiere sichten,
im ganzen Haus Ordnung schaffen.

Welch ein Fingerzeig für Eintagsfliegen
unter der ständigen Drohung,
weit mehr als ein Ministerium räumen zu
müssen:
das Leben.

Ich habe das Schulheft des Kindes
aufgeschlagen:
alle Probleme gelöst -
in zwanzig Fällen von zwanzig.
Ach, wäre das Leben
so einfach!

33

Wäre die Sonne
so durstig und gierig wie du,
es bliebe keine Pfütze,
kein Tautropfen
auf dem Antlitz der Erde.

34

Knöpft man einen Knopf
in ein Knopfloch, das nicht das seine ist,
wird es unmöglich,
die übrigen richtig zu knöpfen.

Ärgere dich nicht über den Firnis ...
Wo er Neues glänzen lässt,
bringt er vorhandene Qualitäten zur
Geltung.
Wo er Altes zum Aufleuchten bringt,
ja dann
verdient er noch höhere Wertschätzung,
wie ein Lächeln,
welches glücklichen Alten,
die zu altern verstehen,
das Gesicht verklärt.

Ein Grundstück hab' ich gesehen –
tot vor Scham,
zum Verkauf ausgeschrieben zu sein
wie ein Sklave
mit dem Preisschild
am Hals.

37

Ich liebe die Blumen immer mehr.
Sie reden mir von der Hinfälligkeit des Lebens
und stellen mich, von Angesicht zu Angesicht,
vor die Ewigkeit.

Wenn du kein Stück Holz hast,
das du ins Wasser werfen kannst,
sei du selbst
ein lebendes Stück Holz
für die Schiffbrüchigen, deine Brüder.

39

Du hundertjähriger Baum
voller Zweige und Sprosse,
als seist du erst halbwüchsig,
ich sehe dich gern.
Lehr mich das Geheimnis,
so zu altern:
offen fürs Leben, für die Jugend, für
Träume,
wie einer, der weiss,
dass Jugend und Alter
nur Wegstrecken sind
zur Ewigkeit.

Unter allen Lehren, die Du uns erteilst,
ist eine so wichtig,
dass ich über ihr die andern vergesse.

Lehr mich, das Unendliche zu erreichen,
jenes Licht am Horizont,
das dem Himmel hilft, zur Erde
herabzusteigen,
und der Erde, sich zum Himmel zu
erheben.

41

Fischer, der du dich auf Gewässer
verstehst,
wieviele Faden
fehlen meiner Angelschnur,
um den Grund der Herzen zu erreichen?
Woran liegt's, dass das Menschenherz
an Tiefe einem Ozean gleichkommt?
Sag nicht, du wissest es nicht.

Verurteil uns nicht,
weil wir im Miteinander
Einzelne sind.
Erlaube uns,
als Einzelne
miteinander zu sein.

Eines Tages
wird für jeden von uns
die Sonne
zum letztenmal aufgehn.
Schwester Licht,
wär es wohl möglich,
mich zu warnen,
wenn mein letzter Tag anbricht?
Aber am besten
ist noch immer
der evangelische Rat,
jeden Tag so zu leben,
als sei es der letzte
oder, besser noch,
als sei es immer
der erste.

Manche Geschöpfe sind wie das
Zuckerrohr:
Selbst durch die Mühle gedreht,
vollständig gebrochen,
zu Brei zerrieben,
können sie nicht anders, als Süssigkeit
spenden.

Bei der Versicherungsgesellschaft
habe ich mich besonders für die
Versicherung von Händen interessiert.

Was ist der Wert
von Künstlerhänden?
von Ärzte- und Pflegerinnenhänden?
von Athletenhänden?
von Schriftstellerhänden?

Was ist der Wert –
ja, das möchte ich wissen –
von Händen, die Almosen heischen,
und von solchen, die sie geben,
von Händen, die beten,
von Händen, die Dich, Herr,
emporheben?

Als ich die Ziegen sah,
die Kette um den Hals,
damit sie ihren Bereich nicht verlassen
und in die Pflanzungen eindringen,
da hatte ich das lang gesuchte Symbol
für eine ganze Welt gefunden, die abseits
gehalten wird:
für die unterentwickelte Welt.

Ich bete unaufhörlich
für die Bekehrung
des Bruders
des verlorenen Sohnes.

Immer klingt mir im Ohr
die schreckliche Mahnung:
«Der erste
ist aufgewacht
aus seiner Sünde.
Der zweite -
wann wird der aufwachen
aus seiner Tugend?»

Wenn du dem Abbruch
eines Baugerüsts beiwohnst,
bewundre
- selbstverständlich -
das Gebäude, das erscheint.
Denk aber auch an das Gerüst;
denn es ist hart,
Stütze gewesen zu sein während des Baus,
unerlässlich für das Werk,
und zur festlichen Stunde
weggeschafft zu werden als Schutt.

Alle laufen so aggressiv herum.
Sie machen den Eindruck von
erschlafften,
gereizten,
Übernächtigen.
Sie sprechen nicht -
sie fallen einen an.
Sie sind fast unfähig,
richtig zu urteilen,
an das Wort des andern zu glauben,
zu lieben.
Es wäre zu schön, Herr,
wenn Du sie heiter stimmen,
sie entwaffnen,
sie zum Schlafen bringen würdest.

Promiskuität:
Intimität ohne Liebe.
Verzweiflung:
vollständige Abwesenheit
von wem oder was auch immer,
an den oder das man sich klammern
könnte.
Gipfel der Einsamkeit:
an der Seite Gleichgültiger leben.
Gipfel der Sehnsucht:
um Anwesende trauern.

61

Die Menschen belasten dich?
Trag sie nicht auf den Schultern.
Schliess sie in dein Herz.

62

Lass dich nicht hin- und herzerren
zwischen gestern
und morgen.
Lebe immer und einzig
das göttliche Heute.

Wenn Du mir nicht die Gnade geschenkt hättest,
während der Nachtwachen
die Stille zu trinken,
darin einzutauchen,
mich ganz von ihr durchdringen zu lassen,
wie könnte ich jene innere Stille bewahren,
ohne die man
weder die Menschen hören kann
noch Dich, o Herr!?

Unter den Dingen, die ich mitnehmen
will,
werde ich dich bestimmt nicht vergessen,
meine Weckuhr,
meine Freundin, die mich zu meinen
Nachtwachen weckt.

Ohne diese
hätte mich
der Stadtrummel verschlungen.
Das Kind in mir wäre gestorben,
weil es verlernt hätte zu spielen,
weil die Angst es eingeholt hätte.

Ohne diese
gäbe es nicht
dieses besiegelte volle Vertrauen
zwischen uns beiden.

65

Wenn du die Zwiesprache willst,
dann spiel dich nicht auf,
als seist du ganz unersetzlich.
Die bist nur ein Teil.

66

Unter den Hindernissen, die beseitigt
werden müssen,
ist das schwierigste
und das wichtigste
ohne Zweifel
die Mittelmässigkeit.

Hefte dein Ohr an den Boden
und merk auf die Geräusche ringsum.
Es überwiegt das Scharren
unruhiger, erregter Schritte,
furchtsamer Schritte im Dunkeln,
von bitteren, zornigen Schritten.
Noch kein Hall
von ersten Schritten der Hoffnung.
Presse dein Ohr noch fester an den Boden.
Halte den Atem an.
Streck deine Fühler aus:
der Meister naht.
Es kann sein, dass Er nicht
zur glücklichen Stunde kommt,
sondern zur harten Stunde
zweifelnder und schwieriger Schritte.

Das Leben habe es dich gelehrt.
Meinst du damit,
dass du zusammenschrumpfst,
dass du dich hütest
vor Unmittelbarkeit,
dass du bereust, ihr erlegen zu sein,
dass du klug bist
von jener schlechten Klugheit,
die Mangel an Wärme besagt,
ein Erlöschen des heiligen Feuers?
Dann bitte ich dich:
bleib dein Leben lang,
ohne aus Erfahrung zu lernen,
naiv vor den Menschen,
ein Kind vor Gott.

Man will meinen Gehsteig flicken.
Ich hatte nicht einmal bemerkt,
dass er eingesunken war.
Das bisschen Gras,
das da wächst,
finde ich schön.
Wie mache ich ihnen begreiflich,
dass es viel schöner ist
und lebendiger
als der kalte Zement,
den mir die Freunde anbieten.
Falls der Zement siegt,
wird er zur Grabplatte werden
mit der unsichtbaren Aufschrift:
«Hier ruht
das lebendigste Gras,
das hartnäckigste,
das intelligenteste
der ganzen Gegend ...»

Ärgere dich nicht,
wenn jemand, der dich aufsucht,
jemand, der dich sprechen will,
den Aufruhr, den er in sich trägt,
nicht auszudrücken vermag.

Viel wichtiger,
als Worte anzuhören,
ist es, die Ängste zu erraten,
das Geheimnis zu ergründen,
dem Schweigen zu lauschen.

So schwarz war die Nacht,
ohne den kleinsten Lichtpunkt,
so sehr Nacht,
dass mich, trotz der tiefen Liebe,
die ich der Nacht jederzeit
entgegenbringe,
Angst befiel.

Da hat sie mir ihr Geheimnis anvertraut:
je mehr die Nacht Nacht ist,
um so schöner wird die Morgenröte,
die sie im Schosse trägt!

Der Lärm,
der uns hindert,
die Stimme Gottes zu hören,
ist nicht,
wirklich nicht,
das Geschrei der Menschen
oder das Fiebern der Städte
und noch weniger
das Sausen der Winde
oder das Plätschern der Wasser.

Der Lärm,
der die göttliche Stimme
erstickt,
ist der innere Aufruhr
gekränkter Eigenliebe,
erwachenden Argwohns,
unermüdlichen Ehrgeizes.

Die Opferung
– die sich durch den ganzen Tag hinzieht –
bringt vor Dich,
was meine Augen sehen,
was meine Ohren hören,
was meine Einbildungskraft ahnt.
Keine Schale?
Hab ich denn nicht meine Hände?
Kein Brot?
Und die unsichtbaren Opfergaben,
die die Augen und Ohren,
die Einbildungskraft und das Herz
unaufhörlich sammeln?
Und wir selbst,
sind wir nicht
ein wesentlicher Teil
der Opferung?
Kein Wein?
Warum giessen wir nicht in den Kelch
einen Tropfen des unermesslichen Leidens
der Menschen, meiner Brüder?

Die Wandlung
– die sich durch den ganzen Tag hinzieht –
mahnt mich daran,
wie lebendig und heilig alles ist,
was aus Deinen Händen hervorgeht.
Alles!
Und ich blicke um mich, glücklich
darüber,
soviel Schönheit zu entdecken
und in den Lobpreis einzustimmen
all dessen, was Dein göttliches Denken
erfüllt
und an Deinem Leben teilhat
und an Deiner Heiligkeit.
Lebendig und heilig
die Sterne, die ich von Ferne betrachte,
aber auch
die Erde, die ich trete,
die Luft, die ich atme,
das Licht, das mich einhüllt!
Ich mache keinerlei Unterschied
zwischen dem, was unmittelbar von Dir
kommt,
und dem, was uns geschenkt wird
durch die Vermittlung des Menschen,
des Mit-Schöpfers.

Die Kommunion
- die sich durch den ganzen Tag hinzieht -
bringt mich in innige und tiefe Berührung
mit allen Menschen.
Ich setze mich hinweg über die Schranken
von Sprache, Rasse, Religion,
Ideologie.
Die Kommunion
verbindet mich
mit der ganzen Schöpfung.
Ich bin Bürger von Mars und Saturn.
Mit allen Gestirnen,
allen Gewässern,
allem Gestein,
allem Gewächs,
allem Getier
verknüpft.
Mit den Räumen und den Wüsten,
dem Licht und dem Schatten,
dem Lärm und der Stille,
der Tugend und der Sünde!
Ohne Grenze!
Ohne Schranke!
Ich gehe, wohin du gehst,
im Eifer, die Vielfalt zu überwinden,
um sie Dem einzuverleiben,
Der Eins ist.

Alles ist von Geheimnis geprägt,
denn alles kommt
aus Deinen Händen
oder aus den Händen des Mit-Schöpfers:
das Papier, worauf ich schreibe,
der Kugelschreiber, den ich benütze,
der Tisch, woran ich sitze,
die Bücher, die mich umgeben,
die Kleider, die mich bedecken,
die Luft, die ich atme,
das Licht, das ich betrachte,
der Boden, der mich trägt.
Das Herz hüpft vor Freude.
Lichtvoller Eindruck
allumfassender Ganzheit.

Wenn ich könnte,
gäbe ich jedem Kind
eine Weltkarte . . .
Und wenn möglich,
einen Leuchtglobus,
in der Hoffnung,
den Blick des Kindes
aufs äusserste zu weiten
und in ihm
Interesse und Zuneigung zu wecken
für alle Völker,
alle Rassen,
alle Sprachen,
alle Religionen!

Sag ja
zu den Überraschungen,
die deine Pläne durchkreuzen,
deine Träume zunichte machen,
deinem Tag
eine ganz andere
Richtung geben -
ja vielleicht
deinem Leben.

Sie sind nicht Zufall.
Lass dem himmlischen Vater die Freiheit,
Selber
den Einschuss deiner Tage zu bestimmen.

79

Ich darf nicht die Tür sein,
durch die der Nächste geht,
darf ihn nicht zu mir rufen,
ihn verpflichten,
meine Wege zu gehen,
meine Zugänge zu den seinen zu machen,
von meinen Schlüsseln abhängig zu sein.
Wenn meine Türe Christus ist,
kommt es darauf an,
einem jeden Bruder zu helfen,
dass er den Weg zum Vater findet,
auf dem er er-selbst bleibt.

Beweine nicht
die Rhythmen,
die - scheinbar - verlorengehen:
Rhythmen der Winde,
der Gewässer,
des Rauschens der Bäume,
des Gesangs der Vögel,
der Bewegung der Sterne,
der Schritte der Menschen ...
Es gibt immer einen Musikanten
oder einen Dichter
oder einen Heiligen
oder einen Narren,
der von Gott den Auftrag hat,
die flüchtigen Rhythmen,
die verlorengehen könnten,
einzufangen.

81

Ausgezeichnet! wenn deine Hand
dem Abflug nachhilft!
Aber dass sie sich ja nie erkühnt,
sich selbst für den Flügel zu halten!

Wer darf sich rühmen, frei zu sein?
Wer hat nicht
seinen geheimen Kerker,
seine unsichtbaren Ketten -
um so verstrickendere,
je weniger sie in Erscheinung treten?

Dieses verschwollene Gesicht,
schmutzig,
schweissbedeckt,
gezeichnet von Stürzen
oder Schlägen -
ist es das Gesicht
eines Trinkers, eines Bettlers,
oder stehen wir gar auf dem
Kalvarienberg
und blicken dem Gottessohn
ins heilige Antlitz?

Teilst du dein Brot ängstlich,
ohne Vertrauen,
ohne Wagemut,
überstürzt,
wird es dir fehlen.
Versuch es zu teilen,
ohne in die Zukunft zu denken,
ohne zu rechnen,
ohne zu sparen,
als ein Sohn
des Herrn über alle Ernten der Welt.

Du bist der Vater welcher Armen?
Ohne Zweifel
der Hilfsbedürftigen,
der Unterdrückten,
der Recht- und Stimmlosen.
Aber vergiss nicht
die anderen Arten der Armut:
die Armen an Liebe,
die Armen an Träumen,
die Armen an Glaube und Hoffnung,
die Armen an Friede.

In Deiner unendlichen Barmherzigkeit
umhülle
die Ärmsten der Armen
- die reichen Armen, die
die Schatten der Macht umarmen
und durch das Leben gehen
im Glauben, intensiv zu leben,
ohne tatsächlich zu leben.

Kind, liebes Kind,
hilf mir, jenes Kind offenbar zu machen,
das schlummert
im Grunde des Grundes
auch der ernsthaftesten
und strengsten Menschen.

Als ich den Tintenfleck auf meinem Kleid
entdeckte,
fielen mir jene unsichtbaren Flecken ein,
die man uns zufügt und die wir zufügen –
ohne es zu wollen und ohne es zu merken –
den lieben langen Tag.

Hab Mitleid, o Herr,
und hege eine ganz besondere Zuneigung
zu den so logischen,
praktischen,
so realistischen Leuten,
die sich darüber ärgern,
dass einer an das blaue Pferdchen
glauben kann.

Ist es wahr, Herr, dass Du noch heute
gern die Gewässer betrachtest,
die Winde,
das Licht?
Trifft es zu, dass Du Dir einen Sinn
bewahrt hast
für Vögel,
für Blumen,
für Kinder?
Wovon ich fest überzeugt bin,
ist, dass Du nicht minder gern
betrachtest,
was unablässig
aus den Händen des Menschen
hervorgeht,
mit dem Du
Deine Schöpferkraft teilst.

Wenn du tausend Gründe zu leben
findest,
wenn du dich niemals einsam fühlst,
wenn du beim Aufwachen singen
möchtest,
wenn alles zu dir spricht –
von den Steinen auf dem Weg
bis zu den Sternen am Himmel,
von den Eidechsen, die faulenzen,
bis zu den Fischen, den Herren des Meeres –
wenn du die Winde verstehst
und der Stille lauschest,
erschaure vor Freude:
Die Liebe geht an deiner Seite,
sie ist deine Weggefährtin,
deine Schwester.

91

Lehr uns,
ein «Nein» zu sagen,
das nach «Ja» schmeckt,
und niemals ein «Ja» zu sagen,
das nach «Nein» schmeckt.

Selbst Du,
mit Deinem unwiderstehlichen Blick
unendlicher Güte,
hast nicht vermocht,
das Herz des reichen Jünglings
zu bewegen.
Und dabei hatte er
von Kindheit an
all Deine Gebote
befolgt.
Herr, mein Herr,
lass nicht zu, dass wir
aus falscher Liebe
die schrecklichen Wahrheiten
verharmlosen,
die Du den Reichen gesagt hast.

Weisst du, warum du niemals innehältst?
Du meinst vielleicht,
es geschehe aus Verantwortungsgefühl,
weil du keine Zeit zu verlieren hast,
aus geringschätziger Ablehnung
all dessen, was dich hindert,
die flüchtige Lebenszeit
aufs äusserste zu nutzen . . .
In Wirklichkeit verleugnest du
ganz einfach dich selbst,
indem du versuchst,
der Begegnung mit dir zu entgehen.

Warum die Nacht fürchten?
Warum sie nicht eher lieben,
wo sie es doch ist,
die die Sterne heraufführt?
Und wer weiss denn nicht,
dass in den finstersten Nächten
die Sterne sich schmücken
mit ihrer funkelndsten Pracht?

Sobald es hell ist,
wird das Sehen leicht . . .
Wenn dich der Tag verlässt,
erinnere dich:
du kannst dich
in einen Lichtkegel verwandeln,
der die dunkelsten Wege
und die verworrensten Labyrinthe
zu erhellen vermag.

Worüber lächelst du, Junge?
Wie glücklich wäre ich,
wenn du lächeltest
aus Zuversicht und Hoffnung
gegenüber dem Leben!
Aber noch glücklicher wäre ich,
wenn du lernen könntest,
stets ein Lächeln zu bewahren:
aus Freude angesichts von Güte,
aus Verständnis angesichts von Schwäche,
aus Mut angesichts von Scheitern,
aus Dankbarkeit beim Gedanken an Gott.

Wie einzigartig
bezaubert mich
der Herbst! ...
Woher die Freude,
wenn die Blätter
sich vergolden
oder sich röten,
wo ich doch weiss,
dass sie bald fallen
und den Baum, geplündert,
ganz nackt zurücklassen?
Meine Freude beruht auf der Gewissheit,
dass das Leben den Tod besiegt:
von neuem werden Knospen spriessen
und neue Blätter
und neue Früchte ...

So sehr hat man dich, Klugheit, entstellt,
dass ich, als Gegengewicht
zu allem, was man dir anlastet:
Konformismus,
Anpasserei,
Ängstlichkeit,
fast den Drang verspüre,
zu rufen:«Seid unklug!»
Vor allem vergesst nicht:
Kühnheit ist eine Tugend,
ja mehr als Tugend:
eine Gabe
des Heiligen Geistes.

Jegliches Opfer
zu jeglichem Preis
lohnt die Freude,
einen erloschenen Blick
von neuem aufleuchten zu sehen,
einen Menschen,
der das Lächeln verlernt zu haben schien,
von neuem lächeln zu sehen.
Vertrauen
wiedergeboren zu sehen
bei einem, der nicht mehr glaubte –
an nichts
und an Keinen . . .

Irre ich mich, o Herr?
Ist der Gedanke eine Versuchung,
Du treibest mich ständig
hinzugehen und zu verkünden,
dass es notwendig ist, ja dringend,
von Deiner Gegenwart im Sakrament
überzugehen
zu Deiner anderen Gegenwart,
einer ebenso realen,
im Abendmahl des Armen?
Die Theologen mögen's erörtern.
Tausend Unterscheidungen werden sie
vorbringen ...
Aber wehe dem, der sich von Dir nährt
und dann keine offenen Augen hat,
um Dich zu entdecken,
wie Du Dir im Müll Deine Nahrung
suchst,
von überall verstossen,
wie Du unter unmenschlichen
Bedingungen,
unter dem Zeichen
völliger Unsicherheit lebst.

Wenigstens nachts
lass
dein Herz ruhen . . .
Wenigstens nachts
hör auf zu rennen;
besänftige die Wünsche, die dich
verrückt machen;
versuch,
deine Träume schlafen zu lassen.
Gib dich preis,
Leib und Seele,
gib dich preis,
endgültig,
ohne Rückhalt,
in Gottes Hände!

Wozu soll es gut sein,
wenn du dich darauf verlegst,
Leiden auszuhecken,
Opfer zu erfinden,
ein Büsserhemd zu tragen,
wenn du nicht
entschlossen und gläubig
jenes Kreuz auf dich nimmst,
das der himmlische Vater
für dich
passend findet . . .
Vergiss nicht:
Dieses Kreuz ist nicht
vorfabriziert.
Der Vater hat es
auf Mass angefertigt
für deine Schultern.

Der ausländische Geologe
fragt entrüstet:
«Wann endlich wird sich euer Land
der unermesslichen Reichtümer
bewusst werden,
die es in seinem Boden birgt?»
Ich blieb versonnen,
stutzig beim Gedanken
an eine unvergleichlich schwerer wiegende
Vergesslichkeit.
Wann endlich werden wir
uns bewusst machen,
dass wir in unserem tiefsten Innern
den Herrn jener Reichtümer bergen,
der unter unglaublichen Schichten
lächerlichen Dünkels,
absurder Eitelkeit
und kindischen Hochmuts
verschwindet und verblasst.

Beim Betrachten eines wunderbaren Films
über die Meerestiefen
packte mich ein unbändiges Verlangen,
den Fischen
zu einem Verständnis ihres Glücks zu
verhelfen,
so eingetaucht
in dieser unermesslichen Pracht zu leben.
Stellt euch meinen Durst vor,
den Menschen, meinen Brüdern,
zuzurufen,
dass wir leben,
gehen und kommen,
nach allen Richtungen schwimmen –
nicht in den Ozeanen, aber
eingetaucht
in Gott Selbst!

Das Kind hat bei uns
sein Spielzeug-Telefon
vergessen.
Ich habe mir herausgenommen, mich
seiner zu bedienen,
ehe ich es zurückgebe . . .
Welch Geheimnis!
Anrufe,
die mir nie glücken wollten,
liessen sich leicht bewerkstelligen,
klar,
tadellos,
mit diesem Apparat
voller Unschuld
und Liebe.

Stimmt es, dass Du den Regenbogen
als Zeichen des Friedens
und der Verbindung zu den Menschen
verstanden hast?
Dann schaffe am Himmel
ein solch mächtiges Zeichen,
dass es das Gewissen der Völker
erschüttert
und sie dahin führt,
den offensichtlichen Irrsinn der Kriege
und der Missbildung
einer winzigen Welt der Reichen zu sehen,
die umschlossen und durchdrungen
von den Wassern des Elends ist.

Aus der Reihe ***pendo-sauerteig*** im Buchhandel:

Helder Camara – Selig die träumen
Eine Auswahl aus Helder Camaras täglichen Fünf-Minuten-Radiopredigten. Sie sind voller Poesie, Schalk und tiefem Mit-Empfinden für die Probleme des Alltags. Sie spiegeln Hoffnung, Leid und Glauben in einer einfachen, für jeden verständlichen Sprache. Ein Buch, getragen von einer modernen christlichen Weltsicht, das alt und jung, Christen und Nichtchristen mit Zuversicht erfüllt.

Helder Camara – Hoffen wider alle Hoffnung
Texte, getragen von wahrer Frömmigkeit und erfüllt von tiefer Sorge und Zuversicht zugleich in einer ausweglos erscheinenden Weltsituation – ein beschwörendes Manifest der Hoffnung auf eine Welt, worin es sich atmen lässt, eine gerechtere, eine menschlichere!

Mario von Galli – Unser Vater Unser
Galli bringt eine Ökumene zusammen, in der auch die schlechten Katholiken und schlechten Protestanten Platz haben, insofern sie bereit sein können, die antireligiösen Vorurteile zu überwinden und in der Tat ein so frech-frommes Werklein über das Gebet zu studieren, welches offensichtlich mit dem Zentrum des Glaubens viel zu tun hat.

Max Schoch in der Neuen Zürcher Zeitung

Arnold Hottinger – Allah heute
Der vorliegenden Sammlung theoretischer Texte aus einem guten Jahrtausend muss eine umfassende Sichtungsarbeit vorausgegangen sein, doch dann hat Hottinger mit souveränem Mut zur Knappheit einige wenige aussagekräftige Aufsätze einander gegenübergestellt... von den zahlreichen Islam-Büchern eines der ganz wenigen dringend nötigen und unverzichtbaren...

Samuel Plattner im Tages-Anzeiger

Dorothee Sölle – Fürchte dich nicht, der Widerstand wächst
«Ich freue mich, dass dieses Buch erscheint. Das gesprochene Wort, das aus dem Heute kommt, die spontane Reaktion, das Antwortgeben auf Fragen – das alles sind neue Ausdrucksformen einer neuen Art, Theologie zu betreiben.» (aus dem Vorwort von Dorothee Sölle) Das Buch enthält u. a. Interviews mit Journalisten von Presse, Radio und Fernsehen, ein Gespräch mit Helder Camara, Betrachtungen über die USA, die Bonner Rede an der Friedensdemonstration ...

PENDO
VERLAG
ZÜRICH